# 团 体 标 准

## 公路桥梁用耐候钢

Weathering Steels of Highway Bridges

T/CHTS 20013—2021

主编单位：中交公路规划设计院有限公司
发布单位：中国公路学会
实施日期：2021 年 07 月 15 日

人民交通出版社股份有限公司
北 京

图书在版编目(CIP)数据

公路桥梁用耐候钢 / 中交公路规划设计院有限公司主编. — 北京：人民交通出版社股份有限公司，2021.10
ISBN 978-7-114-17443-8

Ⅰ.①公… Ⅱ.①中… Ⅲ.①公路桥—桥梁工程—耐候钢 Ⅳ.①U448.14

中国版本图书馆 CIP 数据核字(2021)第 127696 号

标准类型：团体标准
Gonglu Qiaoliang yong Naihou Gang
标准名称：公路桥梁用耐候钢
标准编号：T/CHTS 20013—2021
主编单位：中交公路规划设计院有限公司
责任编辑：郭红蕊　韩亚楠
责任校对：席少楠
责任印制：张　凯
出版发行：人民交通出版社股份有限公司
地　　址：(100011)北京市朝阳区安定门外外馆斜街 3 号
网　　址：http://www.ccpcl.com.cn
销售电话：(010)59757973
总 经 销：人民交通出版社股份有限公司发行部
经　　销：各地新华书店
印　　刷：北京鑫正大印刷有限公司
开　　本：880×1230　1/16
印　　张：2.75
字　　数：70 千
版　　次：2021 年 10 月　第 1 版
印　　次：2021 年 10 月　第 1 次印刷
书　　号：ISBN 978-7-114-17443-8
定　　价：44.00 元

(有印刷、装订质量问题的图书由本公司负责调换)

# 中国公路学会文件

公学字〔2021〕74 号

## 中国公路学会关于发布
## 《公路桥梁用耐候钢》的公告

现发布中国公路学会标准《公路桥梁用耐候钢》(T/CHTS 20013—2021),自 2021 年 7 月 15 日起实施。

《公路桥梁用耐候钢》(T/CHTS 20013—2021)的版权和解释权归中国公路学会所有,并委托主编单位中交公路规划设计院有限公司负责日常解释和管理工作。

中国公路学会

2021 年 7 月 1 日

T/CHTS 20013—2021

# 前　言

本标准是在总结国内外耐候钢科研成果和工程应用的基础上制定的。

本标准按照《中国公路学会标准编写规则》(T/CHTS 10001)编写。本标准共分为 9 章、3 个附录，主要内容包括：范围，规范性引用文件，术语，耐候钢板、钢带及型钢，高强度耐候螺栓连接副用盘条、钢棒和钢带，耐候铸钢和锻钢，焊接材料，检验规则，包装、标志、运输和储存等。

本标准实施过程中，请将发现的问题和意见、建议反馈至中交公路规划设计院有限公司（地址：北京市东城区前炒面胡同 33 号；电子邮箱：changzhijun@hpdi.com.cn），供修订时参考。

本标准由中交公路规划设计院有限公司提出，受中国公路学会委托，由中交公路规划设计院有限公司负责具体解释工作。

**主编单位**：中交公路规划设计院有限公司。

**参编单位**：鞍钢股份有限公司、中国科学院金属研究所、哈尔滨焊接研究院有限公司、上海振华重工(集团)股份有限公司、成都市新筑路桥机械股份有限公司、中铁宝桥集团有限公司。

**主要起草人**：孟凡超、常志军、侯华兴、邹德辉、董俊华、蔡俊华、徐锴、陈颖、马立芬、刘海亮、朱新华、李贞新、金秀男、张哲、杨颖、孙静涛、冯伟、罗海生、孙艳萍、邱廷琦、陈宏、穆鑫、刘治国、裴雪峰、董中波、李江文。

**主要审查人**：李彦武、周海涛、钟建驰、秦大航、赵君黎、刘元泉、杨耀铨、鲍卫刚、袁洪。

# 目　次

- 1 范围 ······················································································································ 1
- 2 规范性引用文件 ·········································································································· 2
- 3 术语 ······················································································································ 4
- 4 耐候钢板、钢带及型钢 ·································································································· 5
  - 4.1 分类和牌号 ········································································································ 5
  - 4.2 外观 ················································································································ 6
  - 4.3 技术要求 ·········································································································· 6
  - 4.4 试验、检验方法 ·································································································· 9
- 5 高强度耐候螺栓连接副用盘条、钢棒和钢带 ········································································ 11
  - 5.1 分类、牌号与规格 ······························································································ 11
  - 5.2 外观 ·············································································································· 11
  - 5.3 技术要求 ········································································································ 12
  - 5.4 试验、检验方法 ································································································ 13
- 6 耐候铸钢和锻钢 ········································································································ 15
  - 6.1 分类和牌号 ······································································································ 15
  - 6.2 外观 ·············································································································· 15
  - 6.3 技术要求 ········································································································ 16
  - 6.4 试验、检验方法 ································································································ 17
- 7 焊接材料 ················································································································ 19
  - 7.1 分类与型号 ······································································································ 19
  - 7.2 外观 ·············································································································· 20
  - 7.3 技术要求 ········································································································ 20
  - 7.4 试验、检验方法 ································································································ 22
- 8 检验规则 ················································································································ 24
  - 8.1 钢板、钢带及型钢 ······························································································ 24
  - 8.2 高强度耐候螺栓连接副用盘条和钢棒 ······································································ 24
  - 8.3 铸钢和锻钢 ······································································································ 24
  - 8.4 焊接材料 ········································································································ 25
- 9 包装、标志、运输和储存 ······························································································ 27
  - 9.1 钢板、钢带及型钢 ······························································································ 27
  - 9.2 高强度耐候螺栓连接副用钢 ·················································································· 27
  - 9.3 铸钢和锻钢 ······································································································ 27
  - 9.4 焊接材料 ········································································································ 27
- 附录A(规范性附录)　根据曝晒试验结果推算设计使用期内腐蚀减薄量的方法 ······························ 29
- 附录B(资料性附录)　耐候钢钢材与焊接材料型号对照表 ························································ 30
- 附录C(规范性附录)　耐候钢周期浸润加速腐蚀试验方法 ························································ 31
- 用词说明 ·················································································································· 35

# 公路桥梁用耐候钢

## 1 范围

本标准规定了公路桥梁用耐候钢的分类、牌号、技术要求、试验方法、检验规则、包装、标志、运输和储存等。

本标准适用于公路桥梁用钢板、钢带、型钢、盘条、铸钢、锻钢、配套螺栓副、焊接材料等耐候钢材。

## 2 规范性引用文件

下列文件对于本文件的应用是必不可少的。凡是不注日期的引用文件,其最新版本(包括所有的修改单)适用于本文件。

GB/T 222　钢的成品化学成分允许偏差
GB 223.3　钢铁及合金化学分析方法　二安替比林甲烷磷钼酸重量法测定磷量
GB/T 223.4　钢铁及合金　锰含量的测定　电位滴定或可视滴定法
GB/T 223.5　钢铁　酸溶硅和全硅含量的测定　还原型硅钼酸盐分光光度法
GB/T 223.12　钢铁及合金化学分析方法　碳酸钠分离-二苯碳酰二肼光度法测定铬量
GB/T 223.14　钢铁及合金化学分析方法　钽试剂萃取光度法测定钒含量
GB 223.19　钢铁及合金化学分析方法　新亚铜灵-三氯甲烷萃取光度法测定铜量
GB/T 223.23　钢铁及合金　镍含量的测定　丁二酮肟分光光度法
GB/T 223.26　钢铁及合金　钼含量的测定　硫氰酸盐分光光度法
GB/T 223.40　钢铁及合金　铌含量的测定　氯磺酚S分光光度法
GB/T 223.60　钢铁及合金化学分析方法　高氯酸脱水重量法测定硅含量
GB 223.62　钢铁及合金化学分析方法　乙酸丁酯萃取光度法测定磷量
GB 223.63　钢铁及合金化学分析方法　高碘酸钠(钾)光度法测定锰量
GB/T 223.64　钢铁及合金　锰含量的测定　火焰原子吸收光谱法
GB/T 223.68　钢铁及合金化学分析方法　管式炉内燃烧后碘酸钾滴定法测定硫含量
GB/T 223.72　钢铁及合金　硫含量的测定　重量法
GB/T 223.78　钢铁及合金化学分析方法　姜黄素直接光度法测定硼含量
GB/T 223.79　钢铁　多元素含量的测定　X射线荧光光谱法(常规法)
GB/T 223.81　钢铁及合金　总铝和总硼含量的测定　微波消解-电感耦合等离子体质谱法
GB/T 223.82　钢铁　氢含量的测定　惰气脉冲熔融-热导或红外法
GB/T 223.84　钢铁及合金　钛含量的测定　二安替比林甲烷分光光度法
GB/T 223.85　钢铁及合金　硫含量的测定　感应炉燃烧后红外吸收法
GB/T 223.86　钢铁及合金　总碳含量的测定　感应炉燃烧后红外吸收法
GB/T 224　钢的脱碳层深度测定法
GB/T 226　钢的低倍组织及缺陷酸蚀检验法
GB/T 228.1　金属材料　拉伸试验　第1部分:室温试验方法
GB/T 229　金属材料　夏比摆锤冲击试验方法
GB/T 232　金属材料　弯曲试验方法
GB/T 247　钢板和钢带包装、标志及质量证明书的一般规定
GB/T 702　热轧钢棒尺寸、外形、重量及允许偏差
GB/T 706　热轧型钢
GB/T 709　热轧钢板和钢带的尺寸、外形、重量及允许偏差
GB/T 1591　低合金高强度结构钢
GB/T 1979　结构钢低倍组织缺陷评级图
GB/T 2101　型钢验收、包装、标志及质量证明书的一般规定
GB/T 2650　焊接接头冲击试验方法
GB/T 2652　焊缝及熔敷金属拉伸试验方法

GB/T 2970　厚钢板超声检测方法

GB/T 2975　钢及钢产品　力学性能试验取样位置及试样制备

GB/T 3323.1　焊缝无损检测　射线检测　第1部分:X和伽玛射线的胶片技术

GB/T 3965　熔敷金属中扩散氢测定方法

GB/T 4336　碳素钢和中低合金钢　多元素含量的测定　火花放电原子发射光谱法(常规法)

GB/T 5117　非合金钢及细晶粒钢焊条

GB/T 5313　厚度方向性能钢板

GB/T 6402　钢锻件超声检测方法

GB/T 6414　铸件　尺寸公差、几何公差与机械加工余量

GB/T 6478　冷镦和冷挤压用钢

GB/T 7233.1　铸钢件　超声检测　第1部分:一般用途铸钢件

GB/T 8170　数值修约规则与极限数值的表示和判定

GB/T 10561　钢中非金属夹杂物含量的测定　标准评级图显微检验法

GB/T 11263　热轧H型钢和部分T型钢

GB/T 11352　一般工程用铸造碳钢件

GB/T 12361　钢质模锻件　通用技术条件

GB/T 12362　钢质模锻件　公差及机械加工余量

GB/T 14977　热轧钢板表面质量的一般要求

GB/T 14981　热轧圆盘条尺寸、外形、重量及允许偏差

GB/T 16923　钢件的正火与退火

GB/T 16924　钢件的淬火与回火

GB/T 17107　锻件用结构钢牌号和力学性能

GB/T 17505　钢及钢产品交货一般技术要求

GB/T 19292.1　金属和合金的腐蚀　大气腐蚀性　第1部分:分类、测定和评估

GB/T 19292.3　金属和合金的腐蚀　大气腐蚀性　第3部分:影响大气腐蚀性环境参数的测量

GB/T 19292.4　金属和合金的腐蚀　大气腐蚀性　第4部分:用于评估腐蚀性的标准试样的腐蚀速率的测定

GB/T 20066　钢和铁　化学成分测定用试样的取样和制样方法

GB/T 20123　钢铁　总碳硫含量的测定　高频感应炉燃烧后红外吸收法(常规方法)

GB/T 20124　钢铁　氮含量的测定　惰性气体熔融热导法(常规方法)

GB/T 20125　低合金钢　多元素含量的测定　电感耦合等离子体原子发射光谱法

GB/T 25774.1　焊接材料的检验　第1部分:钢、镍及镍合金熔敷金属力学性能试样的制备及检验

GB/T 25775　焊接材料供货技术条件　产品类型、尺寸、公差和标志

GB/T 25777　焊接材料熔敷金属化学分析试样制备方法

GB/T 25778　焊接材料采购指南

GB/T 28300　热轧棒材和盘条表面质量等级交货技术条件

GB/T 32548　钢铁　锡、锑、铈、铅和铋的测定　电感耦合等离子体质谱法

GB/T 36037　埋弧焊和电渣焊用焊剂

YB/T 5293　金属材料　顶锻试验方法

3 术语

下列术语和定义适用于本文件。

**3.0.1 耐候钢 weathering steel**

通过在钢中加入一定量的铜(Cu)、磷(P)、铬(Cr)、镍(Ni)、钼(Mo)等合金元素,使其在金属基体表面形成保护锈层,以提高耐大气腐蚀性能的钢,又称耐大气腐蚀钢。

**3.0.2 热机械轧制 thermo-mechanical control process**

在一定的温度范围内进行最后变形的轧制工艺,缩写为TMCP。

## 4 耐候钢板、钢带及型钢

### 4.1 分类和牌号

**4.1.1** 分类应符合下列要求：

1 耐候钢板、钢带及型钢按照化学成分中 Cu、P、Cr、Ni、Mo 等元素含量的不同分为 4 类，代号分别为 NH Ⅰ～NH Ⅳ，分别适用于表 4.1.1 所示的 4 种环境。

表 4.1.1 耐候钢板、钢带及型钢适用环境

| 类别代号 | 氯化物日均沉积率(以氯离子计) [mg/(m²·d)] | 硫酸盐日均沉积率(以 $SO_2$ 计) [mg/(m²·d)] |
|---|---|---|
| NH Ⅰ | ≤3 | ≤24 |
| NH Ⅱ | | ≤200 |
| NH Ⅲ | ≤40 | ≤200 |
| NH Ⅳ | ≤60 | |

注 1：影响大气腐蚀性环境参数的测量方法按照 GB/T 19292.3 执行，参考 GB/T 19292.1 进行分类。
注 2：选择钢种时，除应符合表 4.1.1 的规定外，还应同时满足润湿时间(全年相对湿度大于 80% 的累计时间不大于 60%)的要求。

2 耐候钢板、钢带及型钢按屈服强度分为 355MPa、420MPa、500MPa 三个强度等级。

3 耐候钢板、钢带及型钢按厚度方向(Z 向)性能要求分为 Z15、Z25、Z35 三个等级。

**4.1.2** 牌号应符合下列要求：

1 耐候钢板、钢带及型钢牌号表示方法见图 4.1.2。

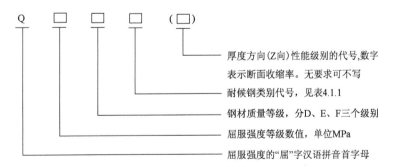

图 4.1.2 耐候钢牌号表示方法

**示例 1**：420MPa 强度等级，钢材质量等级为 D，用于 Ⅱ 类耐候钢环境，厚度方向(Z 向)性能要求断面收缩率为 15%，表示为 Q420DNHⅡZ15。

**示例 2**：355MPa 强度等级，钢材质量等级为 E，用于 Ⅰ 类耐候钢环境，无厚度方向(Z 向)性能要求，表示为 Q355ENHⅠ。

2 强度等级、代号及牌号见表 4.1.2。

表 4.1.2 强度等级、代号及牌号

| 强度等级 | 分类代号 | | | |
|---|---|---|---|---|
| | NH Ⅰ | NH Ⅱ | NH Ⅲ | NH Ⅳ |
| 355MPa | Q355DNH Ⅰ<br>Q355ENH Ⅰ<br>Q355FNH Ⅰ | Q355DNH Ⅱ<br>Q355ENH Ⅱ<br>Q355FNH Ⅱ | Q355DNH Ⅲ<br>Q355ENH Ⅲ<br>Q355FNH Ⅲ | Q355DNH Ⅳ<br>Q355ENH Ⅳ<br>Q355FNH Ⅳ |
| 420MPa | Q420DNH Ⅰ<br>Q420ENH Ⅰ<br>Q420FNH Ⅰ | Q420DNH Ⅱ<br>Q420ENH Ⅱ<br>Q420FNH Ⅱ | Q420DNH Ⅲ<br>Q420ENH Ⅲ<br>Q420FNH Ⅲ | Q420DNH Ⅳ<br>Q420ENH Ⅳ<br>Q420FNH Ⅳ |
| 500MPa | Q500DNH Ⅰ<br>Q500ENH Ⅰ<br>Q500FNH Ⅰ | Q500DNH Ⅱ<br>Q500ENH Ⅱ<br>Q500FNH Ⅱ | Q500DNH Ⅲ<br>Q500ENH Ⅲ<br>Q500FNH Ⅲ | Q500DNH Ⅳ<br>Q500ENH Ⅳ<br>Q500FNH Ⅳ |

3 交货状态包括 TMCP 或 TMCP+回火，NH Ⅲ、NH Ⅳ 类钢也可采用正火、淬火+回火等热处理状态交货。

## 4.2 外观

4.2.1 表面质量应符合下列要求：

1 钢板的表面质量应符合 GB/T 14977 的规定。

2 钢带的表面质量应符合 GB/T 17505 的规定。

3 型钢的表面质量应符合 GB/T 706、GB/T 11263 的规定。

4.2.2 尺寸、外形及允许偏差应符合下列要求：

1 钢板的尺寸、外形及允许偏差应符合 GB/T 709 的规定，且厚度不大于 150mm。其中厚度允许偏差按照 C 类偏差执行。

2 钢带的尺寸、外形及允许偏差应符合 GB/T 709 的规定，且厚度不大于 25.4mm。其中厚度允许偏差按照钢带厚度普通精度 PT.A 规定的公差带执行，且不允许出现负偏差。

3 型钢的尺寸、外形及允许偏差应符合 GB/T 706、GB/T 11263 的规定，且最大厚度不大于 40mm。

## 4.3 技术要求

4.3.1 耐候钢板、钢带及型钢在裸露状态下，设计使用期内单边腐蚀量不应超过 0.5mm。

4.3.2 冶炼应符合下列要求：

1 钢应由转炉或电炉冶炼，并进行真空脱气等炉外精炼。

2 冶炼时应进行钙（Ca）处理。

4.3.3 化学成分应符合下列要求：

1 不同质量等级钢中的磷（P）、硫（S）、硼（B）、氢（H）、氮（N）等元素含量（熔炼分析）应符合表 4.3.3-1 的规定，有厚度方向性能要求的钢板中硫含量应同时符合 GB/T 5313 的规定。

表 4.3.3-1 钢中磷、硫、硼、氢、氮含量控制要求

| 质量等级 | 化学成分ª（质量分数，%） | | | | |
|---|---|---|---|---|---|
| | P | S | B | H | N |
| | 不大于 | | | | |
| D | 0.025 | 0.010 | | | |
| E | 0.020 | 0.010 | 0.0005 | 0.0002 | 0.0080 |
| F | 0.015 | 0.005 | | | |

注：ª 当向钢中主动添加元素 B 作为合金化元素时，钢中全部 B 含量应不大于 0.0020%，且进行分析并填入质量证明书中。

2 Ⅰ类耐候钢各钢牌号化学成分(熔炼分析)应符合表 4.3.3-2 的规定。

表 4.3.3-2 Ⅰ类耐候钢化学成分

| 牌号 | 化学成分（质量分数，%） | | | | | | | | | | |
|---|---|---|---|---|---|---|---|---|---|---|---|
| | C | Si | Mn | Cu | Cr | Ni | Mo | Nb | V | Ti | Als |
| Q355DNH Ⅰ<br>Q355ENH Ⅰ<br>Q355FNH Ⅰ | ≤0.11 | 0.10~<br>0.55 | 0.50~<br>1.70 | 0.30~<br>0.50 | 0.40~<br>0.70 | 0.30~<br>0.65 | ≤0.10 | ≤0.10 | ≤0.10 | ≤0.03 | 0.015~<br>0.050 |
| Q420DNH Ⅰ<br>Q420ENH Ⅰ<br>Q420FNH Ⅰ | ≤0.11 | 0.10~<br>0.55 | 0.80~<br>1.80 | 0.30~<br>0.50 | 0.40~<br>0.70 | 0.30~<br>0.80 | ≤0.20 | ≤0.10 | ≤0.10 | ≤0.03 | 0.015~<br>0.050 |
| Q500DNH Ⅰ<br>Q500ENH Ⅰ<br>Q500FNH Ⅰ | ≤0.11 | 0.10~<br>0.55 | 0.80~<br>1.80 | 0.30~<br>0.50 | 0.40~<br>0.70 | 0.30~<br>1.10 | ≤0.25 | ≤0.10 | ≤0.10 | ≤0.03 | 0.015~<br>0.050 |

3 Ⅱ类耐候钢各钢级牌号化学成分(熔炼分析)应符合表 4.3.3-3 的规定。

表 4.3.3-3 Ⅱ类耐候钢化学成分

| 牌号 | 化学成分（质量分数，%） | | | | | | | | | | | |
|---|---|---|---|---|---|---|---|---|---|---|---|---|
| | C | Si | Mn | Cu | Cr | Ni | Mo | Nb | V | Ti | Als | Sb | RE |
| Q355DNH Ⅱ<br>Q355ENH Ⅱ<br>Q355FNH Ⅱ | ≤0.11 | 0.10~<br>0.55 | 0.50~<br>1.50 | 0.30~<br>0.60 | 0.40~<br>1.20 | 0.30~<br>0.65 | 0.10~<br>0.35 | ≤0.10 | ≤0.10 | ≤0.030 | 0.015~<br>0.050 | ≤0.15 | ≤0.04 |
| Q420DNH Ⅱ<br>Q420DNH Ⅱ<br>Q420FNH Ⅱ | ≤0.11 | 0.10~<br>0.55 | 0.50~<br>1.50 | 0.30~<br>0.60 | 0.40~<br>1.20 | 0.30~<br>0.80 | 0.10~<br>0.35 | ≤0.10 | ≤0.10 | ≤0.030 | 0.015~<br>0.050 | ≤0.15 | ≤0.04 |

7

表 4.3.3-3（续）

| 牌号 | 化学成分（质量分数，%） | | | | | | | | | | | | |
|---|---|---|---|---|---|---|---|---|---|---|---|---|---|
| | C | Si | Mn | Cu | Cr | Ni | Mo | Nb | V | Ti | Als | Sb | RE |
| Q500DNH Ⅱ<br>Q500ENH Ⅱ<br>Q500FNH Ⅱ | ≤0.11 | 0.10~0.55 | 0.50~1.50 | 0.30~0.60 | 0.40~1.20 | 0.30~1.10 | 0.15~0.50 | ≤0.10 | ≤0.10 | ≤0.030 | 0.015~0.050 | ≤0.15 | ≤0.04 |

4 Ⅲ类耐候钢各钢级牌号化学成分（熔炼分析）应符合表 4.3.3-4 的规定。

表 4.3.3-4　Ⅲ类耐候钢化学成分

| 牌号 | 化学成分（质量分数，%） | | | | | | | | |
|---|---|---|---|---|---|---|---|---|---|
| | C | Si | Mn | Nb | Ti | Ni | Cu | Mo | Als |
| Q355DNH Ⅲ<br>Q355ENH Ⅲ<br>Q355FNH Ⅲ | ≤0.08 | 0.10~0.50 | 0.50~1.50 | ≤0.10 | 0.005~0.050 | 1.00~1.50 | 0.25~0.55 | 0.15~0.40 | 0.015~0.050 |
| Q420DNH Ⅲ<br>Q420ENH Ⅲ<br>Q420FNH Ⅲ | | | | | | | | 0.20~0.50 | |
| Q500DNH Ⅲ<br>Q500ENH Ⅲ<br>Q500FNH Ⅲ | | | | | | | | 0.20~0.60 | |

5 Ⅳ类耐候钢各钢级牌号化学成分（熔炼分析）应符合表 4.3.3-5 的规定。

表 4.3.3-5　Ⅳ类耐候钢化学成分

| 牌号 | 化学成分（质量分数，%） | | | | | | | | |
|---|---|---|---|---|---|---|---|---|---|
| | C | Si | Mn | Nb | Ti | Ni | Cu | Mo | Als |
| Q355DNH Ⅳ<br>Q355ENH Ⅳ<br>Q355FNH Ⅳ | ≤0.08 | 0.10~0.50 | 0.50~1.50 | ≤0.10 | 0.005~0.050 | 3.00~3.50 | 0.25~0.55 | 0.05~0.20 | 0.015~0.050 |
| Q420DNH Ⅳ<br>Q420ENH Ⅳ<br>Q420FNH Ⅳ | | | | | | | | 0.10~0.30 | |
| Q500DNH Ⅳ<br>Q500ENH Ⅳ<br>Q500FNH Ⅳ | | | | | | | | 0.15~0.40 | |

6 钢的成品化学成分允许偏差应符合 GB/T 222 的规定。

**4.3.4** 力学性能应符合下列要求：

1 力学性能应符合表 4.3.4 的规定。

表 4.3.4　力学性能

| 强度等级 | 质量等级 | 拉伸试验 | | | | V 型冲击试验 | | |
|---|---|---|---|---|---|---|---|---|
| | | 屈服强度 $R_{eL}$(MPa) | | 抗拉强度 $R_m$(MPa) | 断后伸长率 $A$(%) | 试验温度 (℃) | 吸收能量 $KV_2$(J) | |
| | | 厚度(mm) | | | | | 厚度(mm) | |
| | | ≤50 | 50～150 | | | | ≤16 | >16 |
| | | 不小于 | | | | | 不小于 | |
| 355MPa | D | 355 | 345 | 490 | 20 | −20 | 100 | 120 |
| | E | | | | | −40 | | |
| | F | | | | | −60 | | |
| 420MPa | D | 420 | 410 | 540 | 19 | −20 | 100 | 120 |
| | E | | | | | −40 | | |
| | F | | | | | −60 | | |
| 500MPa | D | 500 | 480 | 630 | 18 | −20 | 100 | 120 |
| | E | | | | | −40 | | |
| | F | | | | | −60 | | |

注1：本表屈服强度为下屈服强度，当屈服不明显时，可测量 $R_{p0.2}$ 代替屈服强度。
注2：拉伸试验取横向试样。
注3：冲击试验取纵向试样。

2　Z 向钢厚度方向断面收缩率应符合 GB/T 5313 的规定。

4.3.5　钢板的工艺性能应符合 GB/T 1591 的相关规定。

4.3.6　对于厚度大于 20mm 的钢板，其内部质量经超声波探伤检测应不低于 GB/T 2970 规定的 Ⅱ 级。

## 4.4　试验、检验方法

4.4.1　试验、检验项目、取样数量、取样方法和试验方法应符合表 4.4.1 的规定。

表 4.4.1　试验、检验项目、取样数量、取样方法和试验方法

| 序号 | 试验、检验项目 | 取样数量(个) | 取样方法 | 试验方法 |
|---|---|---|---|---|
| 1 | 耐蚀性评价 | 一套/钢级 | — | 本标准 4.4.2 |
| 2 | 表面质量 | 逐张或逐件 | — | 目视及测量 |
| 3 | 尺寸、外形 | 逐张或逐件 | — | 合适的量具 |
| 4 | 化学成分(熔炼分析) | 1/炉 | GB/T 20066 | 本标准 4.4.3 |
| 5 | 拉伸试验 | 1/批 | GB/T 2975 | GB/T 228.1 |
| 6 | 冲击试验 | 3/批 | GB/T 2975 | GB/T 229 |
| 7 | 弯曲试验 | 1/批 | GB/T 2975 | GB/T 232 |
| 8 | Z 向钢厚度方向断面收缩率 | 3/批 | GB/T 5313 | GB/T 5313 |
| 9 | 无损检验 | 逐张或逐件 | — | GB/T 2970 |

4.4.2 耐蚀性评价应采用曝晒试验的方法,按照 GB/T 19292.4 的要求进行。根据试验结果按照本标准附录 A 推算设计使用期内减薄量。

4.4.3 钢的化学成分试验方法应符合 GB/T 223.5、GB/T 223.12、GB/T 223.14、GB/T 223.19、GB/T 223.23、GB/T 223.26、GB/T 223.40、GB/T 223.62、GB/T 223.63、GB/T 223.64、GB/T 223.68、GB/T 223.78、GB/T 223.79、GB/T 223.81、GB/T 223.82、GB/T 223.84、GB/T 223.85、GB/T 223.86、GB/T 4336、GB/T 20123、GB/T 20124、GB/T 20125、GB/T 32548 的规定。

4.4.4 冲击试验应符合下列要求：

1 夏比冲击吸收能量按一组三个试样的算术平均值进行计算,允许其中有一个试样单值低于表 4.3.4 规定值,但不得低于规定值的 70%。

2 钢材厚度小于 12mm 的夏比冲击试验应采用辅助试样。钢材厚度 8mm～12mm 的辅助试样尺寸为 10mm×7.5mm×55mm,其试验结果不小于规定值的 75%;钢材厚度 6mm～8mm 的辅助试样尺寸为 10mm×5mm×55mm,其试验结果不小于规定值的 50%。厚度小于 6mm 的钢材不做冲击试验。

## 5 高强度耐候螺栓连接副用盘条、钢棒和钢带

### 5.1 分类、牌号与规格

**5.1.1** 分类应符合下列要求：

1 高强耐候螺栓连接副用盘条、钢棒和钢带按照化学成分中 Cu、P、Cr、Ni、Mo 等元素含量的不同，分为 4 类，代号分别为 NH Ⅰ～NH Ⅳ，分别适用于表 4.1.1 所示的 4 种环境。

2 公路桥梁用高强度耐候螺栓连接副用盘条、钢棒和钢带按成品螺栓连接副性能等级不同，分为 8.8 级、10.9 级、12.9 级三个强度级别。

**5.1.2** 牌号应符合下列要求：

1 高强耐候螺栓连接副用盘条、钢棒和钢带牌号表示方法见图 5.1.2。

图 5.1.2 高强耐候螺栓连接副用盘条、钢棒和钢带牌号表示方法

示例 1：用于生产性能等级为 8.8 级，适用于 Ⅰ、Ⅱ 类耐候钢环境的高强耐候螺栓连接副用盘条、钢棒和钢带，表示为 L8NH Ⅱ。

示例 2：用于生产性能等级为 10.9 级，适用于 Ⅲ、Ⅳ 类耐候钢环境的高强耐候螺栓连接副用盘条、钢棒和钢带，表示为 L10NH Ⅳ。

2 螺栓性能等级、代号及牌号见表 5.1.2。

表 5.1.2 螺栓性能等级与耐候钢类别

| 螺栓性能等级<br>类别代号 | 耐候螺栓连接副用Ⅰ类、Ⅱ类<br>钢牌号 | 耐候螺栓连接副用Ⅲ类、Ⅳ类<br>钢牌号 |
|---|---|---|
| 8.8 级 | L8NH Ⅱ | L8NH Ⅳ |
| 10.9 级 | L10NH Ⅱ | L10NH Ⅳ |
| 12.9 级 | L12NH Ⅱ | |

**5.1.3** 高强度螺耐候栓连接副用盘条、钢棒和钢带用于制造公称直径不大于 40mm 的高强度耐候螺栓及其配套螺母、垫片等。

### 5.2 外观

**5.2.1** 盘条和钢棒的表面质量应符合 GB/T 28300 的规定。

**5.2.2** 尺寸、外形及允许偏差应符合下列要求：

1 螺栓、螺母用热轧钢棒的尺寸、外形及允许偏差应符合 GB/T 702 的规定。

2 螺栓、螺母用热轧盘条的尺寸、外形及允许偏差应符合 GB/T 14981 的规定,其中尺寸和外形允许偏差应符合 B 级精度的规定。

3 垫片用热轧钢带的尺寸、外形及允许偏差应符合 GB/T 709 的规定。

### 5.3 技术要求

**5.3.1** 耐蚀性能应符合下列要求:

1 桥梁在设计寿命周期内,耐候钢螺栓连接副在裸露状态下使用时单边腐蚀量不应超过 0.5mm。

2 耐候钢螺栓连接副与被连接材料的开路腐蚀电位应符合以下要求:

1) 耐候钢螺栓连接副开路腐蚀电位不高于被连接材料开路腐蚀电位 50mV。

2) 耐候钢螺栓连接副开路腐蚀电位不低于被连接材料开路腐蚀电位 25mV。

**5.3.2** 化学成分应符合下列要求:

1 Ⅰ类与Ⅱ类螺栓连接副用盘条、钢棒和钢带各牌号化学成分(熔炼分析)应符合表 5.3.2-1 的规定。

表 5.3.2-1 Ⅰ类与Ⅱ类螺栓连接副用盘条、钢棒和钢带化学成分(熔炼分析)

| 牌号 | C | Si | Mn | P | S | Cu | Cr | Ni | Mo | V | Nb | Als |
|---|---|---|---|---|---|---|---|---|---|---|---|---|
| L8NHⅡ | 0.10~0.30 | 0.15~0.50 | 0.40~1.35 | ≤0.025 | ≤0.010 | 0.30~0.60 | 0.30~0.90 | 0.25~0.80 | 0.15~0.30 | — | — | ≥0.015 |
| L10NHⅡ | 0.20~0.40 | 0.15~0.50 | 0.70~1.20 | ≤0.025 | ≤0.010 | 0.30~0.60 | 0.45~1.00 | 0.30~0.80 | 0.15~0.50 | — | — | ≥0.015 |
| L12NHⅡ | 0.35~0.45 | ≤0.25 | 0.30~0.90 | ≤0.012 | ≤0.005 | 0.30~0.60 | 0.90~1.20 | 0.50~1.20 | 0.25~0.45 | 0.25~0.45 | 0.02~0.05 | ≤0.025 |

注1:L8NHⅡ、L10NHⅡ中可单独或组合加入铌、钒、钛等微量元素,含量在质量证明书中注明。
注2:冶炼时应进行钙(Ca)处理。

2 Ⅲ、Ⅳ类螺栓连接副用盘条、钢棒和钢带各牌号化学成分(熔炼分析)应符合表 5.3.2-2 的规定。

表 5.3.2-2 Ⅲ、Ⅳ类螺栓连接副用盘条、钢棒和钢带化学成分

| 牌号 | 化学成分ª(质量分数,%) | | | | | | | | | | |
|---|---|---|---|---|---|---|---|---|---|---|---|
| | C | Si | Mn | P | S | Ni | Cu | Mo | V | Ti | B | Als |
| L8NHⅣ | 0.10~0.30 | 0.15~0.60 | 0.55~1.50 | ≤0.020 | ≤0.01 | ≥3.0 | 0.25~0.65 | 0.15~0.50 | ≤0.10 | 0.015~0.090 | ≤0.003 | 0.015~0.050 |
| L10NHⅣ | 0.15~0.40 | 0.15~0.60 | 0.55~1.50 | ≤0.020 | ≤0.01 | ≥3.0 | 0.25~0.65 | 0.20~0.65 | ≤0.10 | 0.015~0.090 | ≤0.003 | 0.015~0.050 |

注:ª 冶炼时应进行钙(Ca)处理。

5.3.3 低倍组织应符合下列要求：

1 钢棒及盘条宜进行非金属夹杂物检验，并按照 GB/T 10561 的评级图采用 A 法进行评级。非金属夹杂物含量应符合表 5.3.3 的规定。

表 5.3.3 非金属夹杂物含量

| 非金属夹杂物类型 | A | | B | | C | | D | | DS |
|---|---|---|---|---|---|---|---|---|---|
| | 细系 | 粗系 | 细系 | 粗系 | 细系 | 粗系 | 细系 | 粗系 | |
| 合格级别 | ≤1.5 | ≤1.5 | ≤1.5 | ≤1.5 | ≤1.5 | ≤1.5 | ≤1.5 | ≤1.5 | ≤1.5 |

2 盘条及钢棒应进行脱碳层深度检验。脱碳层深度应符合 GB/T 6478 中的规定。

3 钢棒及盘条应进行低倍酸浸检验。钢棒及盘条的横截面酸浸低倍组织试片上不得有目视可见的缩孔、气泡、裂纹、夹杂、翻皮、白点、晶间裂纹。酸浸低倍组织中一般疏松、中心疏松、中心（或锭形）偏析应各不大于 2.5 级。

5.3.4 工艺性能应符合下列要求：

1 盘条及钢棒应进行冷顶锻试验。试验后的试样高度为原试样高度的 1/2，经冷顶锻试验后，试样表面不应出现裂纹。

2 冷镦钢盘条及钢棒宜进行热顶锻试验。试验后的试样高度为原试样高度的 1/3，顶锻后试样表面不得有肉眼可见的裂纹。

5.3.5 冶炼要求及交货状态应符合下列要求：

1 冶炼要求。钢由转炉或电炉冶炼，并应进行真空脱气等炉外精炼。其中，钢中 H 含量应不大于 0.0002%，N 含量应不大于 0.0100%。

2 交货状态。钢材一般以热轧状态或退火状态交货。

## 5.4 试验、检验方法

5.4.1 高强耐候螺栓用盘条、钢棒的试验、检验项目、取样数量、取样方法和试验方法应符合表 5.4.1 的规定。

表 5.4.1 试验、检验项目、取样数量、取样方法和试验方法

| 序号 | 试验、检验项目 | 取样数量 | 取样方法及部位 | 试验方法 |
|---|---|---|---|---|
| 1 | 耐蚀性 | 一套/钢级 | — | 本标准 5.4.2 |
| 2 | 化学成分 | 1个/炉 | GB/T 20066 | GB/T 223<br>GB/T 4336 |
| 3 | 热顶锻 | 2个/批 | 不同根盘条或钢棒 | YB/T 5293 |
| 4 | 冷顶锻 | 4个/批 | 不同根盘条或钢棒 | YB/T 5293 |
| 5 | 脱碳层 | 2个/批 | 不同根盘条或钢棒 | GB/T 224 |
| 6 | 非金属夹杂物 | 2个/批 | 不同根盘条或钢棒 | GB/T 10561 |
| 7 | 低倍组织 | 2个/批 | GB/T 226<br>不同根盘条或钢棒 | GB/T 226、<br>GB/T 1979 |

表 5.4.1(续)

| 序号 | 试验、检验项目 | 取样数量 | 取样方法及部位 | 试验方法 |
|---|---|---|---|---|
| 8 | 外形、尺寸 | 逐根 | — | 卡尺、千分尺 |
| 9 | 表面质量 | 逐根 | — | 目视 |

5.4.2 耐蚀性试验应符合下列要求：

1 耐蚀性评价应符合本标准第 4.4.2 条的规定。

2 各牌号耐大气腐蚀螺栓连接副用钢进行腐蚀试验时，样品需要采用与螺栓连接副生产工艺一致的热处理工艺进行处理。

3 耐候钢螺栓连接副与被连接材料在模拟大气环境条件下的开路腐蚀电位试验应符合以下要求：

1) 模拟Ⅰ类、Ⅱ类耐候钢螺栓连接副用钢的开路腐蚀电位测定条件：采用电化学测试方法，试验溶液为浓度$(1.0\pm0.05)\times10^{-2}$ mol/L、pH4.5 的亚硫酸氢钠溶液。试验温度为室温。

2) 模拟Ⅲ类、Ⅳ类耐候钢螺栓连接副用钢的开路腐蚀电位测定条件：采用电化学测试方法，试验溶液为浓度$(0.50\pm0.05)\%$的 NaCl 溶液。试验温度为室温。

3) 电化学试验装置采用三电极体系。工作电极（即研究电极）为待测试样，工作面积为 $1\text{cm}^2$；参比电极为饱和甘汞电极；辅助电极为铂片或铂丝网。

## 6 耐候铸钢和锻钢

### 6.1 分类和牌号

**6.1.1** 分类应符合下列要求：

1 按照应用环境不同，耐候铸钢和锻钢分为四类，分别以代号 NH Ⅰ～NH Ⅳ 表示，分别适用于表 4.1.1 所示的 4 种环境。

2 公路桥梁用耐候铸钢最小屈服强度为 285MPa。

3 公路桥梁用耐候锻钢最小屈服强度为 355MPa。

**6.1.2** 牌号应符合下列要求：

1 耐候铸钢和锻钢的牌号由铸钢和锻钢的类型、最小屈服强度值、耐候钢分类代号等几个部分组成。牌号表示方法见图 6.1.2。

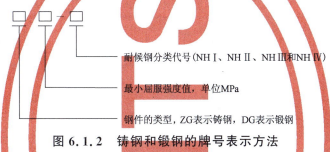

图 6.1.2 铸钢和锻钢的牌号表示方法

示例：最小屈服强度值为 285MPa 的 Ⅲ 类耐候铸钢，其型号表示为 ZG285-NHⅢ。

2 钢级、代号及牌号见表 6.1.2。

表 6.1.2 钢级、代号及牌号

| 屈服强度 | 类别代号 | | | |
| --- | --- | --- | --- | --- |
| | NH Ⅰ | NH Ⅱ | NH Ⅲ | NH Ⅳ |
| 285MPa | ZG285-NH Ⅰ | ZG285-NH Ⅱ | ZG285-NH Ⅲ | ZG285-NH Ⅳ |
| 355MPa | DG355-NH Ⅰ | DG355-NH Ⅱ | DG355-NH Ⅲ | DG355-NH Ⅳ |

### 6.2 外观

**6.2.1** 表面质量应符合下列要求：

1 铸钢件的表面质量应符合 GB/T 11352 的规定。

2 锻钢件的表面质量应符合 GB/T 12361 的规定。

**6.2.2** 尺寸、外形及允许偏差应符合下列要求：

1 铸钢件的尺寸、外形及允许偏差应符合 GB/T 6414 的规定。

2 锻钢件的尺寸、外形及允许偏差应符合 GB/T 12362 的规定。

## 6.3 技术要求

6.3.1 在设计寿命周期内,桥梁用耐候铸钢和耐候锻钢在裸露状态下使用时单边腐蚀量不应超过 0.75mm。

6.3.2 制造工艺应满足下列要求：

1 铸钢件毛坯应采用转炉或电炉冶炼加炉外精炼。

2 铸钢件出炉前半小时取炉前样送检进行化验分析,钢液的材质应在铸件材质允许的范围内,不符合的应进行调质,直到符合要求。

3 热处理工艺应符合 GB/T 16923 和 GB/T 16924 的规定。

6.3.3 化学成分应符合下列要求：

1 Ⅰ类和Ⅱ类桥梁构件用耐候铸钢件化学成分应符合表 6.3.3-1 的规定。

表 6.3.3-1 Ⅰ类和Ⅱ类桥梁构件用耐候铸钢件化学成分

| 牌 号 | 化学成分*（质量分数,%） | | | | | | | | | | | | |
|---|---|---|---|---|---|---|---|---|---|---|---|---|---|
| | C | Si | Mn | P | S | V | Nb | Ti | Cu | Mo | Cr | Ni | Als |
| ZG285-NH Ⅰ | ≤0.12 | 0.15~0.55 | 0.50~1.50 | ≤0.03 | ≤0.03 | ≤0.10 | 0.01~0.10 | ≤0.03 | 0.25~0.55 | ≤0.30 | 0.40~3.60 | 0.25~0.65 | 0.015~0.050 |
| ZG285-NH Ⅱ | | | | | | | | | | | | | |

注：* 允许添加其他有利于提高耐大气腐蚀性能的合金元素。

2 Ⅲ类和Ⅳ类桥梁构件用耐候铸钢件化学成分应符合表 6.3.3-2 的规定。

表 6.3.3-2 Ⅲ类和Ⅳ类桥梁构件用耐候铸钢件化学成分

| 牌 号 | 化学成分（质量分数,%） | | | | | | | | | | | |
|---|---|---|---|---|---|---|---|---|---|---|---|---|
| | C | Si | Mn | P | S | V | Nb | Ti | Cu | Mo | Ni | Als |
| ZG285-NH Ⅲ | ≤0.11 | 0.15~0.70 | 0.30~1.50 | ≤0.03 | ≤0.03 | ≤0.10 | ≤0.10 | 0.01~0.04 | 0.25~1.00 | 0.10~0.40 | ≥1.0 | ≤0.050 |
| ZG285-NH Ⅳ | | | | | | | | | | | ≥3.0 | |

注1：铌、钒、钛、铝可单独添加或组合加入。
注2：应进行 Ca 处理。
注3：允许添加其他有利于提高耐海洋大气腐蚀性能的合金元素。

3 Ⅰ类和Ⅱ类桥梁构件用耐候锻钢件化学成分应符合表 6.3.3-3 的规定。

表 6.3.3-3 Ⅰ类和Ⅱ类桥梁构件用耐候锻钢件化学成分

| 牌 号 | 化学成分（质量分数,%） | | | | | | | | | |
|---|---|---|---|---|---|---|---|---|---|---|
| | C | Si | Mn | P | S | V | Cr | Cu | Mo | Ni |
| DG355-NH Ⅰ | ≤0.16 | ≤0.50 | 0.50~1.50 | ≤0.03 | ≤0.03 | 0.02~0.10 | 0.40~3.60 | 0.25~0.55 | ≤0.30 | ≤0.50 |
| DG355-NH Ⅱ | | | | | | | | | | |

注：* 允许添加其他有利于提高耐大气腐蚀性能的合金元素。

4 Ⅲ类和Ⅳ类桥梁构件用耐候锻钢件化学成分应符合表 6.3.3-4 的规定。

表 6.3.3-4　Ⅲ类和Ⅳ类桥梁构件用耐候锻钢件化学成分

| 牌号 | 化学成分(质量分数,%) | | | | | | | | | | | |
|---|---|---|---|---|---|---|---|---|---|---|---|---|
| | C | Si | Mn | P | S | V | Nb | Ti | Cu | Mo | Ni | Als |
| DG355-NH Ⅲ | ≤0.11 | 0.15~0.70 | 0.50~1.50 | ≤0.03 | ≤0.03 | ≤0.10 | ≤0.10 | 0.01~0.04 | 0.25~1.00 | 0.10~0.50 | ≥1.0 | ≤0.050 |
| DG355-NH Ⅳ | | | | | | | | | | | ≥3.0 | |

注1：铌、钒、钛、铝可单独添加或组合加入。
注2：为控制硫化物形态，要进行 Ca 处理。
注3：允许添加其他有利于提高耐海洋大气腐蚀性能的合金元素。

6.3.4　力学性能应符合表 6.3.4 的要求。

1　桥梁构件用耐候铸钢和锻钢的力学性能应符合表 6.3.4 的规定。

表 6.3.4　桥梁构件用铸钢件、锻钢件力学性能

| 牌号 | 拉伸试验 | | | V型冲击试验 | |
|---|---|---|---|---|---|
| | 屈服强度 $R_{el}$ (MPa) | 抗拉强度 $R_m$ (MPa) | 断后伸长率 A (%) | 试验温度 (℃) | 吸收能量 $KV_2$ (J) |
| | 不小于 | | | | 不小于 |
| ZG285-NH Ⅰ<br>ZG285-NH Ⅱ | 285 | 490 | 20 | 20 | 30 |
| ZG285-NH Ⅲ<br>ZG285-NH Ⅳ | 285 | 490 | 20 | 20 | 34 |
| DG355-NH Ⅱ<br>DG355-NH Ⅲ<br>DG355-NH Ⅳ | 355 | 490 | 20 | 20 | 34 |

6.3.5　无损检测应满足下列要求：

1　铸钢件应逐件进行超声波探伤，其内部质量等级经超声波探伤检测不低于 GB/T 7233.1 规定的 2 级。

2　锻钢件应逐件进行超声波探伤，其内部质量等级经超声波探伤检测不低于 GB/T 6402 规定的 2 级。

## 6.4　试验、检验方法

6.4.1　耐蚀性评价方法按照本标准第 4.4.2 条执行。

6.4.2　铸钢件的试验、检验项目、取样数量、取样方法和试验方法应符合表 6.4.2 的规定。

表 6.4.2　铸钢件的试验、检验项目、取样数量、取样方法和试验方法

| 序号 | 试验、检验项目 | 取样数量(个) | 取样方法 | 试验方法 |
|---|---|---|---|---|
| 1 | 表面质量 | 逐件 | — | 目视及测量 |
| 2 | 尺寸、外形 | 逐件 | — | 量具 |

表 6.4.2（续）

| 序号 | 试验、检验项目 | 取样数量(个) | 取样方法 | 试验方法 |
|---|---|---|---|---|
| 3 | 化学成分(熔炼分析) | 1/炉 | GB/T 20066 | 本标准 6.4.4 |
| 4 | 拉伸试验 | 1/批 | GB/T 2975 | GB/T 228.1 |
| 5 | 弯曲试验 | 1/批 | GB/T 2975 | GB/T 232 |
| 6 | 冲击试验 | 3/批 | GB/T 2975 | GB/T 229 |
| 7 | 无损检验 | 逐件 | — | GB/T 7233.1 |

6.4.3 锻钢件的试验、检验项目、取样数量、取样方法和试验方法应符合表 6.4.3 的规定。

表 6.4.3 锻钢件的试验、检验项目、取样数量、取样方法和试验方法

| 序号 | 试验、检验项目 | 取样数量(个) | 取样方法 | 试验方法 |
|---|---|---|---|---|
| 1 | 表面质量 | 逐件 | — | 目视及测量 |
| 2 | 尺寸、外形 | 逐件 | — | 量具 |
| 3 | 化学成分(熔炼分析) | 1/炉 | GB/T 20066 | 本标准 6.4.4 |
| 4 | 拉伸试验 | 1/批 | GB/T 17107 | GB/T 228.1 |
| 5 | 弯曲试验 | 1/批 | GB/T 17107 | GB/T 232 |
| 6 | 冲击试验 | 3/批 | GB/T 17107 | GB/T 229 |
| 7 | 低倍组织 | 1/批 | GB/T 226 | GB/T 226、GB/T 1979 |
| 8 | 无损检验 | 逐件 | — | GB/T 6402 |

6.4.4 铸钢件和锻钢件的化学成分试验方法应符合 GB/T 222、GB 223.3、GB/T 223.4、GB/T 223.60、GB/T 228.1、GB/T 229、GB/T 4336 的规定。

## 7 焊接材料

### 7.1 分类与型号

**7.1.1 分类应符合下列要求：**

1 公路桥梁用耐候钢配套焊接材料按焊接方法的不同，分为焊条、气体保护电弧焊实心焊丝、气体保护电弧焊药芯焊丝、埋弧焊实心焊丝-焊剂和埋弧焊药芯焊丝-焊剂五类。

2 公路桥梁用耐候钢配套焊接材料按抗拉强度最小值不同，分为490MPa、540MPa、630MPa三个级别，对应屈服强度为355MPa、420MPa、500MPa的耐候钢母材。

3 公路桥梁用耐候钢配套焊接材料按适用母材的耐候类型分为Ⅰ类焊接材料、Ⅱ类焊接材料、Ⅲ类焊接材料和Ⅳ类焊接材料，代号分别为NHⅠ、NHⅡ、NHⅢ和NHⅣ。参见本标准附录B。

**7.1.2 型号应符合下列要求：**

1 焊条型号表示方法如图7.1.2-1所示。

图7.1.2-1 焊条型号表示方法

示例：焊条熔敷金属抗拉强度最小值为490MPa，焊条药品类型为碱性，适用于全位置焊接，采用交流或直流反接，适用母材为Ⅰ类耐候钢，其型号表示为E4916-NHⅠ。

2 气体保护电弧焊实心焊丝型号表示方法如图7.1.2-2所示。

图7.1.2-2 气体保护电弧焊实心焊丝型号表示方法

示例：气体保护电弧焊实心焊丝熔敷金属抗拉强度最小值为540MPa，适用母材为Ⅱ类耐候钢，其型号表示为ER54-NHⅡ。

3 气体保护电弧焊药芯焊丝型号表示方法如图7.1.2-3所示。

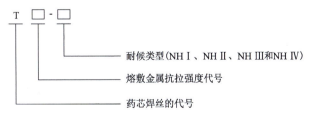

图7.1.2-3 气体保护电弧焊药芯焊丝型号表示方法

示例：气体保护电弧焊药芯焊丝熔敷金属抗拉强度最小值为490MPa，适用母材为Ⅲ类耐候钢，其型号表示为T49-NHⅢ。

4 埋弧焊实心焊丝-焊剂型号表示方法如图7.1.2-4所示。

图 7.1.2-4 埋弧焊实心焊丝-焊剂型号表示方法

示例：埋弧焊实心焊丝-焊剂组合，埋弧焊实心焊丝熔敷金属抗拉强度最小值为630MPa，适用母材为Ⅲ类耐候钢，其型号表示为S63SU-NHⅢ。

5 埋弧焊药芯焊丝-焊剂型号表示方法如图7.1.2-5所示。

图 7.1.2-5 埋弧焊药芯焊丝-焊剂型号表示方法

示例：埋弧焊药芯焊丝-焊剂组合，埋弧焊药芯焊丝熔敷金属抗拉强度最小值为540MPa，适用母材为Ⅳ类耐候钢，其型号表示为S54TU-NHⅣ。

## 7.2 外观

7.2.1 焊条的尺寸和公差应符合GB/T 25775的规定。

7.2.2 焊丝的尺寸和公差应符合GB/T 25775的规定。

7.2.3 焊剂的颗粒度应符合GB/T 36037的规定。

## 7.3 技术要求

7.3.1 耐蚀性能应符合下列要求：

1 各牌号焊条、焊丝熔敷金属平均失重率/母材平均失重率不大于1.05。

2 熔敷金属与母材的开路腐蚀电位应符合以下要求：
1) 熔敷金属开路腐蚀电位不大于母材开路腐蚀电位50mV。
2) 熔敷金属开路腐蚀电位不小于母材开路腐蚀电位25mV。

7.3.2 焊丝化学成分应符合下列要求：

1 Ⅰ、Ⅱ类耐候钢焊丝化学成分应满足表7.3.2-1的规定。

表 7.3.2-1　Ⅰ类、Ⅱ类耐候钢焊丝化学成分

| 抗拉强度代号 | 化学成分（质量分数,%） | | | | | | | | |
|---|---|---|---|---|---|---|---|---|---|
| | C | Si | Mn | S | P | Ni | Cr | Cu | Mo |
| 49 | ≤0.07 | ≤0.65 | ≤1.6 | ≤0.008 | ≤0.015 | ≤1.1 | ≤0.3 | 0.25～0.5 | ≤0.5 |
| 54 | ≤0.07 | ≤0.65 | ≤1.6 | ≤0.008 | ≤0.015 | ≤1.1 | ≤0.3 | 0.25～0.5 | ≤0.5 |
| 63 | ≤0.07 | ≤0.65 | 1.0～1.8 | ≤0.008 | ≤0.015 | ≤1.1 | ≤0.8 | 0.25～0.5 | ≤0.5 |

2　Ⅲ类耐候钢焊丝化学成分应满足表 7.3.2-2 的规定。

表 7.3.2-2　Ⅲ类耐候钢焊丝化学成分

| 抗拉强度代号 | 化学成分（质量分数,%） | | | | | | | |
|---|---|---|---|---|---|---|---|---|
| | C | Si | Mn | S | P | Ni | Cu | Mo |
| 49 | ≤0.10 | ≤0.65 | ≤1.6 | ≤0.008 | ≤0.015 | 1.0～2.0 | 0.25～0.60 | ≤0.5 |
| 54 | ≤0.10 | ≤0.65 | ≤1.6 | ≤0.008 | ≤0.015 | 1.0～2.0 | 0.25～0.60 | ≤0.5 |
| 63 | ≤0.11 | ≤0.65 | 1.0～1.7 | ≤0.008 | ≤0.015 | 1.0～2.5 | 0.25～0.60 | ≤0.5 |

3　Ⅳ类耐候钢焊丝化学成分应满足表 7.3.2-3 的规定。

表 7.3.2-3　Ⅳ类耐候钢焊丝化学成分

| 抗拉强度代号 | 化学成分（质量分数,%） | | | | | | | |
|---|---|---|---|---|---|---|---|---|
| | C | Si | Mn | S | P | Ni | Cu | Mo |
| 49 | ≤0.07 | ≤0.65 | ≤1.6 | ≤0.008 | ≤0.015 | 2.8～3.8 | 0.25～0.70 | ≤0.5 |
| 54 | ≤0.10 | ≤0.65 | ≤1.6 | ≤0.008 | ≤0.015 | 2.8～3.8 | 0.25～0.70 | ≤0.5 |
| 63 | ≤0.11 | ≤0.65 | 1.0～2.0 | ≤0.008 | ≤0.015 | 2.8～3.8 | 0.25～0.70 | ≤0.5 |

7.3.3　焊剂化学成分符合 GB/T 36037 的规定。焊剂类型和主要化学成分满足标准规定的碱铝型、铝碱型和氟碱型。

7.3.4　焊条药皮类型符合 GB/T 5117 的规定，焊条药皮类型为碱性。

7.3.5　熔敷金属化学成分应符合下列要求：

1　Ⅰ、Ⅱ类耐候钢焊接材料熔敷金属化学成分应满足表 7.3.5-1 的规定。

表 7.3.5-1　Ⅰ类、Ⅱ类耐候钢焊接材料熔敷金属化学成分

| 抗拉强度代号 | 化学成分（质量分数,%） | | | | | | | | |
|---|---|---|---|---|---|---|---|---|---|
| | C | Si | Mn | S | P | Ni | Cr | Cu | Mo |
| 49 | ≤0.07 | ≤0.65 | ≤1.6 | ≤0.010 | ≤0.020 | 0.50～1.1 | ≤0.3 | 0.25～0.5 | ≤0.5 |
| 54 | ≤0.07 | ≤0.65 | ≤1.6 | ≤0.010 | ≤0.020 | 0.50～1.1 | ≤0.3 | 0.25～0.5 | ≤0.5 |
| 63 | ≤0.07 | ≤0.65 | 1.0～1.8 | ≤0.010 | ≤0.020 | 0.50～1.1 | ≤0.8 | 0.25～0.5 | ≤0.5 |

2　Ⅲ类耐候钢焊接材料熔敷金属化学成分应满足表 7.3.5-2 的规定。

表 7.3.5-2　Ⅲ类耐候钢焊接材熔敷金属化学成分

| 抗拉强度代号 | 化学成分(质量分数,%) | | | | | | | |
|---|---|---|---|---|---|---|---|---|
| | C | Si | Mn | S | P | Ni | Cu | Mo |
| 49 | ≤0.10 | ≤0.65 | ≤1.6 | ≤0.010 | ≤0.020 | 1.0~2.0 | 0.25~0.60 | ≤0.5 |
| 54 | ≤0.10 | ≤0.65 | ≤1.6 | ≤0.010 | ≤0.020 | 1.0~2.0 | 0.25~0.60 | ≤0.5 |
| 63 | ≤0.11 | ≤0.65 | 1.0~1.7 | ≤0.010 | ≤0.020 | 1.0~2.5 | 0.25~0.60 | ≤0.5 |

3　Ⅳ类耐候钢焊接材料熔敷金属化学成分应满足表 7.3.5-3 的规定。

表 7.3.5-3　Ⅳ类耐候钢焊接材熔敷金属化学成分

| 抗拉强度代号 | 化学成分(质量分数,%) | | | | | | | |
|---|---|---|---|---|---|---|---|---|
| | C | Si | Mn | S | P | Ni | Cu | Mo |
| 49 | ≤0.07 | ≤0.65 | ≤1.6 | ≤0.010 | ≤0.020 | 2.8~3.8 | 0.25~0.70 | ≤0.5 |
| 54 | ≤0.10 | ≤0.65 | ≤1.6 | ≤0.010 | ≤0.020 | 2.8~3.8 | 0.25~0.70 | ≤0.5 |
| 63 | ≤0.11 | ≤0.65 | 1.0~2.0 | ≤0.010 | ≤0.020 | 2.8~3.8 | 0.25~0.70 | ≤0.5 |

4　熔敷金属扩散氢含量应满足表 7.3.5-4 的要求。

表 7.3.5-4　熔敷金属扩散氢含量

| 焊接材料 | 扩散氢(mL/100g) |
|---|---|
| 焊条 | ≤10 |
| 气保焊实心焊丝 | ≤5 |
| 埋弧焊实心焊丝/焊剂 | ≤5 |
| 气保焊药芯焊丝 | ≤10 |
| 埋弧焊药芯焊丝/焊剂 | ≤10 |

7.3.6　力学性能应符合表 7.3.6 的规定。

表 7.3.6　熔敷金属力学性能

| 抗拉强度代号 | 拉伸试验 | | | | 冲击试验 | |
|---|---|---|---|---|---|---|
| | 屈服强度 $R_{el}$ 或 $R_{p0.2}$（MPa） | 抗拉强度 $R_m$（MPa） | 断面收缩率 $\psi$（%） | 断后伸长率 $A$（%） | 冲击功 $KV_2$（J,−20℃、−40℃） | 冲击功 $KV_2$（J,−60℃） |
| 49 | ≥355 | ≥490 | ≥50 | ≥20 | ≥80 | ≥47 |
| 54 | ≥420 | ≥540 | ≥50 | ≥19 | ≥80 | ≥47 |
| 63 | ≥500 | ≥630 | ≥50 | ≥18 | ≥80 | ≥47 |

7.3.7　焊缝射线探伤应符合 GB/T 3323.1 的规定。

## 7.4　试验、检验方法

7.4.1　焊接材料的检验项目、取样数量、取样方法和试验方法应符合表 7.4.1 的规定。

表 7.4.1 焊接材料的检验项目、取样数量、取样方法和试验方法

| 序号 | 检验项目 | 取样数量 | 取样方法 | 试验方法 |
|---|---|---|---|---|
| 1 | 耐蚀性评价 | 一套/型号 | — | 本标准 7.4.2 |
| 2 | 尺寸、外观 | 3%/批 | — | 目视及测量 |
| 3 | 化学分析 | 1个/批 | GB/T 25777 | GB/T 223 |
| 4 | 扩散氢检测 | 1个/批 | — | GB/T 3965 |
| 5 | 拉伸试验 | 1个/批 | GB/T 25774.1 | GB/T 2652 |
| 6 | 冲击试验 | 5个/批 | GB/T 25774.1 | GB/T 2650 |
| 7 | 无损检测 | 试板检测 | — | GB/T 3323.1 |

7.4.2 耐蚀性试验方法应符合下列要求：

1 熔敷金属腐蚀失重率试验采用加速腐蚀的方式进行，按照本标准附录 C 的试验方法执行。

2 熔敷金属与母材的开路腐蚀电位试验应符合以下要求：

1） 模拟 NH Ⅰ类、NH Ⅱ类环境耐候钢配套焊接材料的开路腐蚀电位测定条件：采用电化学测试方法，试验溶液为浓度 $(1.0\pm0.05)\times10^{-2}$ mol/L、pH4.5 的亚硫酸氢钠溶液，试验温度为室温。

2） 模拟 NH Ⅲ类、NH Ⅳ类环境耐候钢配套焊接材料的开路腐蚀电位测定条件：采用电化学测试方法，试验溶液为浓度 $(0.50\pm0.05)\%$ 的氯化钠（NaCl）溶液。试验温度为室温。

3） 电化学试验装置采用三电极体系。工作电极（即研究电极）为待测试样，工作面积为 $1cm^2$；参比电极为饱和甘汞电极；辅助电极为铂片或铂丝网。

7.4.3 熔敷金属化学分析试样应按 GB/T 25777 规定制备，试验方法按照 GB/T 223 规定进行。

7.4.4 熔敷金属扩散氢含量检测方法采用 GB/T 3965 中的水银法或热导法。

## 8 检验规则

### 8.1 钢板、钢带及型钢

**8.1.1** 组批应满足下列要求：

1 钢板、钢带及型钢应成批验收。每批应由同一牌号、同一炉号、同一规格、同一轧制制度及同一热处理制度的钢材组成，每批质量不大于60t。轧制卷重大于30t的钢带可按每两个轧制卷组成一批。

2 对于厚度方向力学性能试验批量的规定应符合GB/T 5313的规定。

**8.1.2** 力学性能复验与判定规则应满足下列要求：

1 钢材的冲击试验结果不符合4.3.4的规定时，抽样钢材应不予验收，再从该试验单元的剩余部分取两个抽样产品，在每个抽样产品上各选取新的一组3个试样，这两组试样的试验结果均应合格，否则该批钢材不合格。

2 钢材拉伸试验的复验与判定应符合GB/T 17505的规定。

3 Z向钢的厚度方向断面收缩率的复验与判定应符合GB/T 5313的规定。

**8.1.3** 力学性能和化学成分应采用全数值比较法进行修约，修约规则遵照GB/T 8170的规定。

### 8.2 高强度耐候螺栓连接副用盘条和钢棒

**8.2.1** 组批规则。盘条和钢棒应按批检查和验收。每批应由同一牌号、同一炉号、同一规格、同一交货状态的盘条组成。

**8.2.2** 取样数量。每批盘条和钢棒各项检验的取样数量应符合表5.4.1的规定。

**8.2.3** 检验与判定规则应满足下列要求：

1 盘条初验如有一项试验结果不合格（包括该项试验所要求的任一指标），则应将该卷盘条剔除，并从同一批不同卷盘条中另取双倍数量的试样进行复验，复验结果中即使有一个指标不合格，则整批不得交货。

2 钢棒初验如有一项试验结果不合格（包括该项试验所要求的任一指标），则应将该根钢棒剔除，并从同一批不同钢棒中另取双倍数量的试样进行复验，复验结果中即使有一个指标不合格，则该批钢棒为不合格。

**8.2.4** 数值修约。盘条及钢棒的检测和检验结果应采用修约值比较法修约到与规定值本位数字所标识的数位一致，其修约规定应符合GB/T 8170的规定。

### 8.3 铸钢和锻钢

**8.3.1** 组批应满足下列要求：

1 铸钢件检验组批分为以下两种：
1) 铸钢件由同一炉次钢液浇注，做相同热处理的为一批。
2) 以一件为一批。

2 锻钢件检验组批分为以下两种：
1) 由同一零件号、同一熔炉号、同一热处理和同一生产批的锻钢件组成。
2) 由同一零件号、同一钢号、同一热处理规范的锻钢件组成。

**8.3.2** 铸钢件和锻钢件取样应符合下列要求：

1 铸钢件和锻钢件按照组批分析。

2 拉伸试验每一批量取 1 个拉伸试样。

3 做冲击试验时，每一批量取 3 个冲击试样进行试验，3 个试样的平均值应符合本标准表 6.3.4 的规定，其中允许最多只有 1 个试验的值可低于规定值，且不低于规定值的 2/3。

**8.3.3** 力学性能复验与判定规则应满足下列要求：

1 因下列原因而导致不符合规定的试验结果是无效的：
1) 试样安装不当或试验机功能不正常。
2) 拉伸试样在标距之外断裂。
3) 试样加工不当。
4) 试样存在缺陷。

2 铸钢件或锻钢件力学性能不符合要求不是由本标准第 8.3.3 条第一款所列原因引起的，供方可以复验。复验应符合下列要求：
1) 从同一批量中取 2 个备用拉伸试样进行试验。如 2 个试验结果均符合表 6.3.4 的规定，则该批次产品的拉伸性能仍为合格。若复验中仍有 1 个试样结果不合格，则该批次产品为不合格。
2) 从同一批量中取 3 个备用的冲击试样进行试验，该结果与原结果重新计算平均值。若新计算平均值符合表 6.3.4 的规定，其中允许最多只有 1 个试样的值可低于规定值，且不低于规定值的 2/3，则该批铸件的冲击值仍为合格；否则该批次产品为不合格。

3 锻钢件低倍试样上发现白点，该批次产品不合格。

4 重新热处理。当力学性能复验结果为不合格时，可将铸钢件或锻钢件及其试块重新进行热处理，然后按 8.3.2 重新试验，重新热处理次数不得超过 2 次（回火除外）。

**8.3.4** 力学性能和化学成分试验结果的修约：

力学性能和化学成分试验结果，可按规定的试验方法中的原则或按照 GB/T 8170 的规定，尺寸测量结果不能修约。

### 8.4 焊接材料

**8.4.1** 焊条、焊丝、焊剂的批量分别按 GB/T 25778 规定进行。一批焊剂应与一批焊丝组合，以组成在制造和验收中不可分开的一组焊接材料。

**8.4.2** 取样应符合下列要求：

1 焊条取样，每批焊条试验时，按照需要数量至少在 3 个部位取有代表性的样品。

2 焊丝取样，应从每批焊丝中抽取 3%，但不少于 2 盘（卷）进行化学成分、尺寸和表面质量等检验。

3 焊剂取样，从包装的焊剂中取样，每批焊剂至少抽取 2 袋，每袋中抽取一定量的焊剂，总量不少于10kg。把抽取的焊剂混合均匀,用四分法取出5kg焊剂,供焊接试件用,余下的5kg用于其他项目检验。

**8.4.3** 复验应符合下列要求:

1 任何一项力学性能检验不合格时,则该项应取双倍试样进行复验。复验结果如仍不合格,该批产品不合格。

2 复验试样可以从原始试件或新的试件上切取,复验只允许1次。

3 对于化学成分复验分析,只需要对不符合要求的元素进行复验。

4 复验拉伸试验时,抗拉强度、屈服强度及断后伸长率同时作为复验项目。

5 对于冲击试验,如果一组试样试验结果的平均值符合要求,但其中仅有一个试样的试验结果小于单个试样规定的最小值,并且两者差值不超过7J,则允许复验。复验应在靠近或位于不合格试样的任一侧取2组试样,2组试样的复验结果均应合格。

## 9 包装、标志、运输和储存

### 9.1 钢板、钢带及型钢

9.1.1 公路桥梁用耐候钢板、钢带及型钢的包装、标志、运输和储存应符合 GB/T 247 或 GB/T 2101 的规定。

### 9.2 高强度耐候螺栓连接副用钢

9.2.1 耐候性高强度螺栓连接副用钢的盘条及钢棒的包装、标志、运输和储存应符合 GB/T 2101 的规定。

9.2.2 钢板和钢带的包装、标志和应符合 GB/T 247 的规定。

### 9.3 铸钢和锻钢

9.3.1 铸钢件的包装、标志、运输和储存应符合 GB/T 11352 的规定。

9.3.2 锻钢件的包装、标志、运输和储存应符合 GB/T 12361 的规定。

### 9.4 焊接材料

9.4.1 焊材标志。每批次焊接材料采购应符合 GB/T 25775 和 GB/T 25778 的规定，其包装外部至少应标明下列内容：

1 本标准号及焊材牌号。
2 焊材制造商名称和商标。
3 规格和净重。
4 炉、批号。
5 生产日期。

9.4.2 焊材包装。焊材应密封包装供货，并保证在正常条件下的运输和储存过程中免受损伤和受潮。

9.4.3 运输应符合下列要求：

1 运输过程中，产品包装整齐，标识清晰。
2 运输过程中宜防水、防潮。
3 运输和装卸过程中，包装不应破损。

9.4.4 储存应符合下列要求：

1 焊接材料的储存库室内温度不低于5℃，相对湿度不大于60%。
2 室内保持清洁，不得存放有害物质，以保证不损害焊接材料性能。

3 品种、型号/牌号、批号、规格、入库时间不同的焊接材料应分别存放。

4 按照"先进先出"原则发放材料,尽量减少库存时间。

## 附录 A（规范性附录） 根据曝晒试验结果推算设计使用期内腐蚀减薄量的方法

### A.1 适用范围

A.1.1 本方法规定了根据桥梁用耐候钢 4 年大气环境曝晒试验结果推算桥梁设计寿命期内腐蚀减薄量的计算方法。

A.1.2 本方法适用于对本标准中各类耐候钢、焊缝熔敷金属等进行耐大气腐蚀性能评价。

### A.2 推算方法

A.2.1 按照本标准生产的耐候钢产品在裸露状态下使用时，制造商应提供其耐大气腐蚀性评价材料。该评价材料为由第三方完成的户外大气曝晒试验结果，同时提供试验完成单位信息及本标准表 4.1.1 中规定的挂片曝晒环境参数测量情况。

A.2.2 户外大气曝晒试验的方法及腐蚀速率测定方法，按照 GB/T 19292.4 的要求进行。

A.2.3 提供对应耐候钢类别中同强度级别产品在桥址类似环境或更严酷环境中至少 4 年的挂片曝晒试验结果，应包括曝晒 1 年、2 年、4 年共 3 组腐蚀速率数据［分别表示为 $a_1$、$a_2$、$a_4$（mm/年）］。

A.2.4 按式（A.2.4）所示的幂函数方程计算其在桥梁设计寿命期内的单边腐蚀减薄量。

$$D=at^n \tag{A.2.4}$$

式中：$D$——耐候钢在桥梁设计寿命期内的单边腐蚀减薄量(mm)；

$a$——曝晒 1 年时间的腐蚀减薄量(mm/年)，数值对应于 1 年时间的腐蚀速率，即 $a_1$；

$t$——大气中暴露时间(年)，该时间一般按照桥梁设计寿命计算；

$n$——幂指数，按照 $n=1+\lg(a_4/a_2)/\lg 2$ 进行计算。

A.2.5 上述计算结果用于对桥梁耐候钢产品在相应环境下的适用性判断。

附录 B(资料性附录) 耐候钢钢材与焊接材料型号对照表

B.0.1 耐候钢钢材与焊接材料型号对照表参见表 B.0.1。

表 B.0.1 耐候钢钢材与焊接材料型号对照表

| 适用环境类别 | 板材屈服强度（MPa） | 耐候钢母材类别 | 焊材型号 | | | | |
|---|---|---|---|---|---|---|---|
| | | | 焊条 | 气保护实心焊丝 | 埋弧焊实心焊丝,焊剂 | 气保护药芯焊丝 | 埋弧焊药芯焊丝,焊剂 |
| Ⅰ类和Ⅱ类大气环境 | 355 | NH Ⅰ | E49XX-NH Ⅰ | ER49-NH Ⅰ | S49SU-NH Ⅰ | T49-NH Ⅰ | S49TU-NH Ⅰ |
| | | NH Ⅱ | E49XX-NH Ⅱ | ER49-NH Ⅱ | S49SU-NH Ⅱ | T49-NH Ⅱ | S49TU-NH Ⅱ |
| | 420 | NH Ⅰ | E54XX-NH Ⅰ | ER54-NH Ⅰ | S54SU-NH Ⅰ | T54-NH Ⅰ | S54TU-NH Ⅰ |
| | | NH Ⅱ | E54XX-NH Ⅱ | ER54-NH Ⅱ | S54SU-NH Ⅱ | T54-NH Ⅱ | S54TU-NH Ⅱ |
| | 500 | NH Ⅰ | E63XX-NH Ⅰ | ER63-NH Ⅰ | S63SU-NH Ⅰ | — | — |
| | | NH Ⅱ | E63XX-NH Ⅱ | ER63-NH Ⅱ | S63SU-NH Ⅱ | — | — |
| Ⅲ类大气环境 | 355 | NH Ⅲ | E49XX-NH Ⅲ | ER49-NH Ⅲ | S49SU-NH Ⅲ | T49-NH Ⅲ | S49TU-NH Ⅲ |
| | 420 | NH Ⅲ | E54XX-NH Ⅲ | ER54-NH Ⅲ | S54SU-NH Ⅲ | T54-NH Ⅲ | S54TU-NH Ⅲ |
| | 500 | NH Ⅲ | E63XX-NH Ⅲ | ER63-NH Ⅲ | S63SU-NH Ⅲ | — | — |
| Ⅳ类大气环境 | 355 | NH Ⅳ | E49XX-NH Ⅳ | ER49-NH Ⅳ | S49SU-NH Ⅳ | T49-NH Ⅳ | S49TU-NH Ⅳ |
| | 420 | NH Ⅳ | E54XX-NH Ⅳ | ER54-NH Ⅳ | S54SU-NH Ⅳ | T54-NH Ⅳ | S54TU-NH Ⅳ |
| | 500 | NH Ⅳ | E63XX-NH Ⅳ | ER63-NH Ⅳ | S63SU-NH Ⅳ | — | — |

附录 C（规范性附录） 耐候钢周期浸润加速腐蚀试验方法

## C.1 适用范围

本试验方法规定了桥梁用耐候钢及其焊接材料周期浸润加速腐蚀试验的试验设备、试样制备、试验溶液、试验条件、试验方法和试验结果的处理及试验报告等内容。

本试验方法适用于桥梁用耐候钢母材及焊缝熔敷金属耐蚀性能的匹配性评价。

## C.2 试验装置

C.2.1 用于本方法所要求试验条件的各类周期浸润腐蚀试验机，要求试验箱内具备加热、冷却、烘烤和空气循环系统等，具备能使试样进行周期性交替浸入和取出的自动、连续、完整的循环动作功能，整个试验期间可自动连续操作。箱内温度可控制精度为±2℃，冷凝液不得直接滴落在受试试样上。典型试验装置示意图见图 C.2.1。

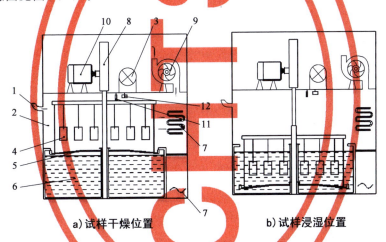

a) 试样干燥位置　　　b) 试样浸湿位置

图 C.2.1　周期浸润加速腐蚀试验典型装置原理示意图

1-排气口；2-样品室；3-恒温恒湿控制器；4-试样；5-空间分离器；6-试验溶液；7-加热器；8-样品移动装置；9-风机；10-驱动电机；11-温湿度计；12-加湿器

C.2.2 每个试样之间及试样与系统结构之间应采用合适的绝缘材料相连接，保证与其他裸露金属之间保持电绝缘。

C.2.3 与试验溶液接触的结构或容器材料应不受试验溶液的腐蚀，避免污染溶液并改变溶液的腐蚀特性。

## C.3 试验溶液

C.3.1 试验溶液应使用分析纯或同等纯度的化学试剂，蒸馏水或去离子水或同等纯度的水，所用的水在 25℃±2℃下的电导率不高于 2ms/m（等于 20μs/cm）。

C.3.2 Ⅰ类、Ⅱ类耐候钢试验溶液应符合下列要求：

1 对于Ⅰ类、Ⅱ类耐候钢母材及其焊接材料的熔敷金属,应采用亚硫酸氢钠溶液,试验溶液初始浓度为$(1.00\pm0.05)\times10^{-2}$mol/L。

2 试验过程采用浓度为$(2.00\pm0.05)\times10^{-2}$mol/L的亚硫酸氢钠溶液作为补给液。补给液必须现用现配。

C.3.3　Ⅲ类、Ⅳ类耐候钢试验溶液应符合下列要求:

1 对于Ⅲ类、Ⅳ类耐候钢母材及其焊接材料的熔敷金属,应采用氯化钠中性盐溶液,试验溶液初始浓度为$0.50\%\pm0.05\%$。

2 试验过程中溶液的补给液采用去离子水。

## C.4　试验条件

C.4.1　试验箱内温度:45℃±2℃。

C.4.2　试验箱内湿度:70%RH±5%RH。

C.4.3　每一循环周期:60min±3min,其中浸润时间为12min±1.5min。

C.4.4　试验延续时间:推荐试验延续时间为100h,也可由相关方商定其他试验延续时长。

C.4.5　干燥条件:适宜温度70℃±2℃,相对湿度不应超过50%。烘烤后试样表面最高温度为70℃±10℃。

## C.5　试样

C.5.1　取样:耐候钢母材试样取自最终交货状态的耐候钢钢材,耐候钢焊接材料试样取自熔敷金属且距离焊接板表面距离不小于2mm。

C.5.2　试样的形状和尺寸:宜采用上方打孔的40mm×60mm×(1～3)mm的矩形试样,固定用的两个孔直径为2mm～2.5mm。耐候钢母材和熔敷金属两种试样应加工成同样尺寸。

C.5.3　试样表面粗糙度:耐候钢母材和熔敷金属两种试样应加工成同等粗糙度的试样。

C.5.4　试样表面缺陷:不应有锈蚀及目视可见的夹杂和气孔等缺陷。

C.5.5　试样的数量:每组平行试样不应少于5个,各个试样应有独立编号。

## C.6　试验方法

C.6.1　试验前应采用合适的方法清除试样表面,除去毛刺及孔内杂物,再进行清洗。清洗时先使用汽油或石油醚,再用无水乙醇,最后用丙酮。清洗后用热风吹干。

C.6.2　测量并记录试样的原始质量(精确到1mg)、外部尺寸(精确到0.1mm)以及表面粗糙度等。

C.6.3　试样悬挂应采用非编织材料,悬挂高度应保持一致,并记录试样位置。试样不应与容器四周及底部相接触,对于矩形试样,宜垂直放置。当使用塑料绝缘导线悬挂时,金属线芯不应接触溶液或试样。

C.6.4　向液槽中注入新配制的溶液至规定刻度,应保证试样浸入溶液时能被溶液完全覆盖且在液面以下至少10mm。溶液只能用于一次连续试验，不得重复使用。试验过程中每天应适量添加补给液，补充试验容器内溶液蒸发的损耗量，以保持试验溶液的液位。记录开始及结束时的pH值。

C.6.5 耐候钢母材和熔敷金属两种试样应同时一次性装入，不应在试验中途插入新试样。不应和其他成分的金属一起放入。

C.6.6 关闭箱门后开机。半小时内箱内温度应达到本方法要求的温度。

C.6.7 试验期间尽量减少开箱门次数，每天最多不应超过2次，每次时间不应超过2min。开门时应关闭空气循环装置。

C.6.8 试验应连续进行，不应中断，直至规定时间为止。意外停机不应超过4h，此时试样不应浸泡在溶液中，并应紧闭箱门。

C.6.9 试验达到规定周期后，停机取下试样，尽可能彻底清洗试样以避免试样继续受到腐蚀。可以用清水涮洗干净，热风吹干，置于干燥器内保存。

C.6.10 试验后的试样采用加有缓蚀剂的酸清洗表面锈蚀产物。酸洗后用清水冲洗干净，用无水乙醇浸泡，再用丙酮浸泡，取出后立即用热风吹干，置于干燥器内保存。

C.6.11 对放入干燥器中24h后的试样进行称重（精确至1mg）。

## C.7 试验结果

C.7.1 称重所得数据应按照式（C.7.1）计算腐蚀失重率$W$，并记录试样表面状况。

$$W=\frac{G_0-G_1}{2(ab+bc+ac)t}\times 10^6 \quad (C.7.1)$$

式中：$W$——腐蚀失重率$[g/(m^2 \cdot h)]$；

$G_0$——试样原始质量(g)；

$G_1$——试验结束试样酸洗干燥后的质量(g)；

$a$——试样长度(mm)；

$b$——试样宽度(mm)；

$c$——试样厚度(mm)；

$t$——试验时间(h)。

C.7.2 根据耐候钢母材和熔敷金属两种试样的腐蚀失重率$W$，计算熔敷金属平均失重率与母材平均失重率之比值，进行两者耐腐蚀性能匹配性评价。

## C.8 试验报告

C.8.1 每个试样的试验结果均应写入试验报告。

C.8.2 试验报告应提供试验过程的相关数据。本方法规定试验报告应包括以下内容：
1) 本标准的标准编号。
2) 所试验耐候钢母材及其焊材的牌号、规格、生产厂家及来源。
3) 试样数量及编号。
4) 试样尺寸测量结果及表面状况。
5) 试验条件，包括温度、每周期时间、浸润时间、溶液及其浓度等。

6) 试验时间及过程描述,如有无意外停机造成试验中断及中断时间等。

7) 试验前后试样的清洗方法、每个试样试验前后重量、腐蚀失重率、每组平行试样的平均试验结果和相对误差、熔敷金属平均失重率与母材平均失重率之比值等。

8) 试样表面状况描述及腐蚀特点,必要时可附试样照片。

9) 委托试验单位、完成试验单位或机构信息、试验人员、委托日期、试验日期、出报告日期等。

## 用 词 说 明

1 本标准执行严格程度的用词,采用下列写法:
1) 表示严格,在正常情况下均应这样做的用词,正面词采用"应",反面词采用"不应"或"不得"。
2) 表示允许稍有选择,在条件许可时首先应这样做的用词,正面词采用"宜",反面词采用"不宜"。
3) 表示有选择,在一定条件下可以这样做的用词,采用"可"。
2 引用标准的用语采用下列写法:
1) 在标准条文及其他规定中,当引用的标准为国家标准或行业标准时,应表述为"应符合××××的有关规定"(××××为标准编号)。
2) 当引用标准中的其他规定时,应表述为"应符合本标准第×章的有关规定""应符合本标准第×.×节的有关规定""应按本标准第×.×.×条的有关规定执行"。